The Magic Piano: Bilingual Italian-English Stories for Kids

Pomme Bilingual

Published by Pomme Bilingual, 2024.

While every precaution has been taken in the preparation of this book, the publisher assumes no responsibility for errors or omissions, or for damages resulting from the use of the information contained herein.

THE MAGIC PIANO: BILINGUAL ITALIAN-ENGLISH STORIES FOR KIDS

First edition. November 11, 2024.

Copyright © 2024 Pomme Bilingual.

ISBN: 979-8224041169

Written by Pomme Bilingual.

Table of Contents

La Scatola di Cioccolatini di Nonna Rosa

———

C'era una volta una bambina di nome Sofia, che adorava andare a trovare sua nonna Rosa. Ogni sabato, Sofia passava il pomeriggio a casa della nonna, dove veniva accolta dal profumo di biscotti appena sfornati e dal calore dei racconti della sua infanzia. La nonna Rosa aveva sempre qualcosa di speciale da condividere con Sofia, ma quel sabato fu diverso da tutti gli altri.

Mentre la nonna stava cucendo sul divano, Sofia notò una piccola scatola di legno sopra un mobile, che non aveva mai visto prima. La scatola era intarsiata con disegni di fiori e foglie e aveva una chiusura dorata. Spinta dalla curiosità, Sofia chiese:

"Nonna, cos'è quella scatola lassù?"

La nonna Rosa sorrise misteriosamente. "Ah, quella è una scatola molto speciale," rispose. "Dentro ci sono dei cioccolatini magici. Ogni cioccolatino ha un potere diverso, ma bisogna usarli con attenzione!"

Sofia, con gli occhi che brillavano di eccitazione, chiese se poteva assaggiarne uno. La nonna annuì e le passò la scatola, avvertendola: "Ricorda, ognuno di questi cioccolatini ti farà vivere un'esperienza unica. Ma devi promettere di usare la magia con saggezza."

Sofia aprì la scatola con delicatezza. Dentro c'erano cioccolatini di tutte le forme e colori: uno sembrava una piccola stella, un altro aveva la forma di un cuore, e un altro ancora somigliava a un fiore. Senza esitazione, Sofia scelse il cioccolatino a forma di stella e lo mise in bocca.

Appena il cioccolato si sciolse sulla sua lingua, Sofia sentì il suo corpo diventare leggero come una piuma. All'improvviso si ritrovò a fluttuare nell'aria! Volava per la stanza come un palloncino e rideva di gioia. Volò sopra la testa della nonna, che rise a sua volta, guardandola con affetto.

Dopo un po', Sofia sentì i suoi piedi tornare lentamente a toccare il pavimento. Emozionata, scelse un altro cioccolatino, questa volta a forma di cuore. Appena lo assaggiò, sentì un suono strano: era come un miagolio! Guardò il gatto della nonna, Tito, e fu sorpresa di capire ogni singola parola.

"Finalmente possiamo parlare!" disse Tito, allungandosi pigramente. "Ho sempre voluto dirti quanto mi piacciono le coccole che mi fai!"

Sofia trascorse i minuti successivi a chiacchierare con Tito e gli altri animali della casa, scoprendo i loro segreti e i loro pensieri. Ogni animale aveva qualcosa di unico da raccontare, e Sofia ascoltava affascinata.

Infine, rimase solo un cioccolatino: quello a forma di fiore. Incuriosita, Sofia lo mise in bocca. In un batter d'occhio, divenne invisibile! Si divertì a fare scherzi alla nonna, spostando piccoli oggetti e facendo rumori strani, mentre la nonna fingeva di non sapere cosa stava succedendo.

Quando l'effetto del cioccolatino svanì, Sofia tornò visibile e corse ad abbracciare la nonna. "Grazie, nonna Rosa! È stata l'avventura più bella della mia vita!"

La nonna sorrise e accarezzò i capelli di Sofia. "Vedi, cara, questi cioccolatini non sono solo magici: ti insegnano anche l'importanza di condividere, di ascoltare e di rispettare le tradizioni della nostra famiglia."

Da quel giorno, Sofia custodì il segreto della scatola di cioccolatini di nonna Rosa e imparò a valorizzare ogni lezione che la sua famiglia le aveva insegnato.

Grandma Rosa's Box of Chocolates

———

Once upon a time, there was a little girl named Sofia who loved visiting her grandmother Rosa. Every Saturday, Sofia would spend the afternoon at her grandmother's house, where she was welcomed by the smell of freshly baked cookies and the warmth of her grandmother's childhood stories. Grandma Rosa always had something special to share with Sofia, but this Saturday was different from all the others.

While her grandmother was sewing on the couch, Sofia noticed a small wooden box on a shelf that she had never seen before. The box was decorated with carvings of flowers and leaves and had a golden clasp. Driven by curiosity, Sofia asked,

"Grandma, what's that box up there?"

Grandma Rosa smiled mysteriously. "Ah, that's a very special box," she replied. "Inside, there are magical chocolates. Each chocolate has a different power, but you must use them wisely!"

Sofia, her eyes sparkling with excitement, asked if she could try one. Her grandmother nodded and handed her the box, warning her, "Remember, each of these chocolates will give you a unique experience. But you must promise to use the magic wisely."

Sofia carefully opened the box. Inside were chocolates of all shapes and colors: one looked like a little star, another was heart-shaped, and yet another resembled a flower. Without hesitation, Sofia chose the star-shaped chocolate and popped it into her mouth.

As soon as the chocolate melted on her tongue, Sofia felt her body become as light as a feather. Suddenly, she found herself floating in the air! She was flying around the room like a balloon, laughing with joy. She flew over her grandmother's head, who laughed too, watching her with affection.

After a while, Sofia felt her feet slowly returning to the ground. Thrilled, she chose another chocolate, this time shaped like a heart. As soon as she tasted it, she heard a strange sound: it was like a meow! She looked at her grandmother's cat, Tito, and was surprised to understand every single word he was saying.

"Finally, we can talk!" said Tito, stretching lazily. "I've always wanted to tell you how much I love the cuddles you give me!"

Sofia spent the next few minutes chatting with Tito and the other animals in the house, discovering their secrets and thoughts. Each animal had something unique to share, and Sofia listened, captivated.

At last, there was only one chocolate left: the one shaped like a flower. Curious, Sofia put it in her mouth. In the blink of an eye, she became invisible! She had fun playing pranks on her grandmother, moving small objects and making strange noises, while her grandmother pretended not to know what was happening.

When the effect of the chocolate wore off, Sofia became visible again and ran to hug her grandmother. "Thank you, Grandma Rosa! This was the best adventure of my life!"

Her grandmother smiled and stroked Sofia's hair. "You see, my dear, these chocolates aren't just magical; they also teach you the importance of sharing, listening, and respecting our family's traditions."

From that day on, Sofia kept the secret of Grandma Rosa's box of chocolates and learned to treasure every lesson her family had taught her.

Il Piccolo Giardiniere e il Limone Magico

In un piccolo villaggio italiano, viveva un bambino di nome Marco. Marco amava passare il suo tempo libero nel giardino di casa, aiutando il padre a curare le piante e i fiori. Aveva un talento speciale per far crescere le piante forti e rigogliose e, per questo, tutti lo chiamavano "il piccolo giardiniere."

Un giorno, mentre esplorava una parte del giardino che non frequentava spesso, Marco scoprì un piccolo albero di limone nascosto tra gli arbusti. L'albero era molto particolare: i suoi frutti brillavano come oro sotto il sole. Incuriosito, Marco si avvicinò e notò che quei limoni non erano come tutti gli altri. Erano dorati e splendenti, come se fossero stati baciati dalla magia.

Decise di cogliere uno dei limoni d'oro e portarlo a casa, ma appena allungò la mano, l'albero sembrò piegarsi all'indietro, allontanando i rami da lui. Perplesso, Marco si fermò. Pensò che forse doveva prendersi cura dell'albero prima di poter raccogliere i suoi frutti.

Da quel giorno, Marco si dedicò completamente all'albero di limone. Ogni mattina, lo annaffiava con acqua fresca, rimuoveva le foglie secche e si assicurava che avesse abbastanza sole. Ma, nonostante tutte le sue cure, l'albero non produceva nuovi limoni.

Una sera, sua nonna lo osservò con attenzione e gli chiese: "Perché sei così pensieroso, Marco?"

Marco le raccontò del misterioso albero di limone e di come desiderava che crescesse rigoglioso. La nonna sorrise e disse: "Forse questo albero ha bisogno di qualcosa in più rispetto all'acqua e al sole. Prova a fare qualcosa di gentile per chi ti circonda; vedrai che l'albero ti sorprenderà."

Marco decise di seguire il consiglio della nonna. Il giorno dopo aiutò il vicino a portare della legna per il camino, poi diede una mano alla signora Maria a sistemare il suo giardino. Pian piano, Marco iniziò a notare un cambiamento: ogni volta che faceva una buona azione, il suo albero di limone produceva nuovi frutti dorati. Era come se l'albero rispondesse alla gentilezza.

Meravigliato, Marco capì che l'albero non era solo magico, ma anche speciale: crescevano nuovi limoni solo quando lui dimostrava gentilezza e altruismo. Col tempo, Marco divenne il giardiniere preferito di tutto il villaggio, sempre disponibile ad aiutare chiunque avesse bisogno. E ogni volta che faceva qualcosa di gentile, l'albero di limone gli regalava nuovi frutti dorati.

Questi limoni non erano solo belli da vedere: avevano un profumo unico e un gusto dolce, come nessun altro limone. Presto, il villaggio venne a sapere della magia dell'albero, e tutti si riunivano per assaporare il sapore speciale dei suoi limoni.

Marco imparò così una lezione preziosa: la gentilezza e l'impegno vengono sempre ripagati. E ogni volta che guardava il suo albero di limone, sapeva che la vera magia risiedeva nella bontà del suo cuore.

The Little Gardener and the Magic Lemon

———

In a small Italian village, there lived a boy named Marco. Marco loved spending his free time in his family's garden, helping his father tend to the plants and flowers. He had a special gift for making plants grow strong and lush, and because of this, everyone called him "the little gardener."

One day, while exploring a part of the garden he didn't often visit, Marco discovered a small lemon tree hidden among the bushes. The tree was very unusual: its fruits shone like gold in the sunlight. Curious, Marco moved closer and noticed that these lemons were not like any others. They were golden and gleaming, as if touched by magic.

He decided to pick one of the golden lemons to take home, but as soon as he reached out, the tree seemed to bend away, pulling its branches back from him. Puzzled, Marco paused. He thought that perhaps he needed to care for the tree before he could harvest its fruits.

From that day on, Marco devoted himself completely to the lemon tree. Every morning, he watered it with fresh water, removed the dry leaves, and made sure it had enough sunlight. But despite all his care, the tree didn't produce any new lemons.

One evening, his grandmother noticed his thoughtful expression and asked, "Why are you so deep in thought, Marco?"

Marco told her about the mysterious lemon tree and how he wished it would grow full and lush. His grandmother smiled and said, "Maybe this tree needs more than just water and sunlight. Try doing something kind for those around you; you'll see that the tree may surprise you."

Marco decided to follow his grandmother's advice. The next day, he helped his neighbor carry firewood for the fireplace, and then he helped Mrs. Maria tidy up her garden. Little by little, Marco began to notice a change: every time he performed a kind deed, his lemon tree would produce new golden fruits. It was as if the tree was responding to his kindness.

Amazed, Marco realized that the tree wasn't just magical; it was special: new lemons would grow only when he showed kindness and generosity. Over time, Marco became the village's favorite gardener, always ready to help anyone in need. And every time he did something kind, the lemon tree rewarded him with new golden fruits.

These lemons weren't just beautiful to look at—they had a unique fragrance and a sweet taste like no other lemon. Soon, the whole village learned about the tree's magic, and everyone would gather to enjoy the special flavor of its lemons.

In this way, Marco learned a valuable lesson: kindness and dedication are always rewarded. And every time he looked at his lemon tree, he knew that the real magic lay in the goodness of his heart.

Gigi e il Gatto Fantasma

———

In un piccolo paese italiano, viveva un ragazzo timido e riservato di nome Gigi. Gigi preferiva leggere libri e sognare ad occhi aperti piuttosto che giocare con gli altri bambini. Viveva vicino a un antico castello abbandonato, che osservava spesso dalla finestra, immaginando le storie che quelle mura avrebbero potuto raccontare.

Un pomeriggio, mentre passeggiava nei pressi del castello, Gigi sentì un leggero miagolio provenire dall'interno. Incuriosito, entrò nel castello in punta di piedi. Una volta dentro, scorse un gatto bianco e trasparente che gli faceva l'occhiolino. Gigi si strofinò gli occhi incredulo: quel gatto era un fantasma!

"Ciao, mi chiamo Pippo!" disse il gatto, avvicinandosi a lui. "E tu chi sei, umano curioso?"

"Sono... sono Gigi," balbettò il ragazzo, ancora un po' spaventato ma anche affascinato. Pippo sembrava un gatto allegro, con occhi grandi e un sorriso furbo.

"Non devi avere paura di me," lo rassicurò Pippo. "Sono solo un vecchio spirito che ama fare qualche scherzetto qua e là."

Da quel giorno, Gigi e Pippo divennero amici inseparabili. Pippo era un gatto fantasma molto particolare: poteva attraversare i muri, far sparire piccoli oggetti, e fare buffi scherzi agli abitanti del villaggio. Ogni volta che qualcuno cercava di prendere un oggetto e lo trovava misteriosamente fuori posto, era quasi sempre opera di Pippo.

Un giorno, però, arrivò una brutta notizia. Gli abitanti del paese avevano deciso di abbattere il vecchio castello per costruire un parcheggio. Gigi era molto triste: per lui, il castello e Pippo erano diventati un luogo speciale, un rifugio. Ma cosa poteva fare un ragazzo timido come lui per fermare una decisione del genere?

Pippo, invece, non si arrese. "Non possiamo permettere che demoliscano il mio castello!" disse deciso. "Gigi, hai il coraggio di aiutarmi a salvare il castello?"

Gigi esitò, ma poi guardò Pippo negli occhi. Sentiva un'ondata di coraggio crescere dentro di sé. "Cosa dobbiamo fare?" chiese.

Insieme, elaborarono un piano. Pippo avrebbe usato i suoi poteri fantasmagorici per spaventare i lavoratori e fare in modo che il castello sembrasse davvero infestato. Gigi, nel frattempo, si sarebbe impegnato a parlare con gli abitanti del villaggio per convincerli a preservare il castello e trasformarlo in un luogo dove tutti potessero andare a leggere, fare picnic, e godersi la storia del loro paese.

Il giorno dell'inizio dei lavori, Pippo iniziò a fare apparire strane ombre sulle pareti, mentre gli attrezzi sparivano misteriosamente. I lavoratori, terrorizzati, scapparono via urlando che il castello era infestato. Nel frattempo, Gigi radunò alcuni amici e insieme andarono di casa in casa, raccontando agli abitanti quanto fosse importante conservare il castello come parte della loro storia e della loro identità.

La gente del paese iniziò a ripensarci e, vedendo il coraggio di Gigi, decisero di ascoltarlo. Anche il sindaco fu colpito dalla passione del ragazzo e accettò di abbandonare il progetto del parcheggio. Al suo posto, trasformarono il castello in un piccolo centro culturale, con una biblioteca e un giardino dove i bambini potevano giocare.

Grazie al coraggio e alla determinazione di Gigi e all'aiuto di Pippo, il castello fu salvato. Da quel giorno, Gigi non fu più il ragazzo timido di una volta. Aveva imparato l'importanza di lottare per ciò che è giusto e aveva trovato un vero amico, anche se un po'... spettrale.

E ogni tanto, quando qualcuno passava vicino al castello, poteva ancora sentire un leggero miagolio tra le mura: era Pippo, il gatto fantasma, che continuava a vegliare sul suo amato castello.

Gigi and the Ghost Cat

———

In a small Italian village, there lived a shy and reserved boy named Gigi. Gigi preferred reading books and daydreaming rather than playing with other children. He lived near an old abandoned castle, which he often watched from his window, imagining the stories those walls might hold.

One afternoon, while walking near the castle, Gigi heard a faint meowing coming from inside. Intrigued, he tiptoed into the castle. Once inside, he spotted a white, transparent cat winking at him. Gigi rubbed his eyes in disbelief: that cat was a ghost!

"Hello, I'm Pippo!" said the cat, approaching him. "And who are you, curious human?"

"I'm... I'm Gigi," the boy stammered, a bit scared but also fascinated. Pippo seemed like a cheerful cat, with big eyes and a sly grin.

"No need to be afraid of me," Pippo reassured him. "I'm just an old spirit who loves playing a few tricks here and there."

From that day on, Gigi and Pippo became inseparable friends. Pippo was a very special ghost cat: he could walk through walls, make small objects disappear, and pull funny pranks on the villagers. Anytime someone reached for an object only to find it mysteriously out of place, it was almost always Pippo's doing.

One day, however, bad news arrived. The villagers had decided to demolish the old castle to build a parking lot. Gigi was very sad; to him, the castle and Pippo had become a special place, a refuge. But what could a shy boy like him do to stop such a decision?

Pippo, however, wasn't ready to give up. "We can't let them tear down my castle!" he said firmly. "Gigi, do you have the courage to help me save the castle?"

Gigi hesitated but then looked into Pippo's eyes. He felt a surge of courage growing within him. "What do we need to do?" he asked.

Together, they came up with a plan. Pippo would use his ghostly powers to scare the workers and make the castle seem truly haunted. Meanwhile, Gigi would talk to the villagers to convince them to preserve the castle and turn it into a place where everyone could read, picnic, and enjoy the history of their town.

On the day the work was set to begin, Pippo started casting strange shadows on the walls, while tools mysteriously vanished. The workers, terrified, ran away screaming that the castle was haunted. Meanwhile, Gigi gathered some friends, and together they went door-to-door, telling the villagers how important it was to preserve the castle as a part of their history and identity.

The townspeople began to reconsider, and seeing Gigi's courage, they decided to listen. Even the mayor was impressed by the boy's passion and agreed to abandon the parking lot project. Instead, they transformed the castle into a small cultural center, with a library and a garden where children could play.

Thanks to Gigi's courage and determination—and Pippo's help—the castle was saved. From that day on, Gigi was no longer the shy boy he once was. He had learned the importance of standing up for what's right and had found a true friend, even if he was a bit... ghostly.

And every now and then, when someone walked by the castle, they could still hear a faint meow echoing through the walls: it was Pippo, the ghost cat, still watching over his beloved castle.

La Storia di Giulia e il Capello Fortunato

A Roma viveva una bambina di nome Giulia, che si sentiva sempre un po' goffa. Ogni volta che provava a fare qualcosa, finiva con il combinare qualche pasticcio. A scuola, inciampava sulle proprie scarpe durante le lezioni di ginnastica e rovesciava regolarmente i colori durante l'ora d'arte. Spesso sospirava, pensando di essere proprio una frana.

Un giorno, mentre passeggiava con i genitori al mercato delle pulci, un oggetto particolare catturò la sua attenzione: un cappello colorato, decorato con piccole stelle dorate e un grosso fiocco rosso al centro. Sembrava un cappello magico, uscito da un vecchio racconto.

Giulia lo provò davanti a uno specchio e, quasi senza pensarci, decise di chiedere ai genitori di comprarglielo. Il venditore, un vecchietto simpatico dagli occhi brillanti, le fece l'occhiolino e disse: "Questo non è un cappello qualunque, sai? È un cappello fortunato!"

Giulia sorrise, emozionata, e da quel momento non si separò più dal suo cappello fortunato. Il giorno dopo, lo indossò a scuola. Durante la lezione di ginnastica, non solo riuscì a correre senza inciampare, ma vinse anche una gara di velocità con i suoi compagni. E nell'ora d'arte, creò un disegno che la maestra appese in classe perché era davvero bellissimo.

Giulia iniziò a credere che il cappello fosse veramente magico. Ogni volta che lo indossava, tutto sembrava andare per il verso giusto. Prese coraggio e partecipò a tutte le attività scolastiche, sorridendo ogni volta che qualcuno le faceva i complimenti. Si sentiva finalmente sicura di sé, come se nulla potesse fermarla.

Un giorno, mentre usciva di casa di corsa per andare a scuola, il cappello le volò via con un soffio di vento e sparì in una pozzanghera. Giulia era sconvolta; come avrebbe fatto senza il suo cappello fortunato? Si sentiva di nuovo insicura e goffa, ma non aveva tempo per cercarlo, così dovette andare a scuola senza.

Quel giorno, però, successe qualcosa di inaspettato. Durante la lezione di scienze, Giulia rispose correttamente a una domanda difficile e fu lodata dalla maestra. Poi, durante la ricreazione, riuscì a fare un salto della corda più alto di tutti i suoi amici, che la applaudirono. E quando fu il momento di leggere ad alta voce in classe, non balbettò nemmeno una volta.

Giulia si fermò a pensare: come era possibile? Non aveva il suo cappello fortunato, eppure tutto stava andando bene lo stesso. Pian piano, capì che forse la magia non era nel cappello, ma dentro di lei. Il cappello le aveva solo dato il coraggio di credere in sé stessa, ma la fiducia che sentiva era sempre stata lì, nascosta dietro i suoi dubbi.

Quella sera, tornando a casa, vide il suo cappello fortunato sull'erba vicino alla pozzanghera. Lo raccolse e, sorridendo, disse piano: "Grazie, cappello. Mi hai fatto capire che la vera fortuna è credere in me stessa."

Da quel giorno, Giulia non ebbe più bisogno di indossare il cappello per sentirsi sicura. Sapeva che, con o senza di esso, poteva fare qualsiasi cosa se solo ci credeva davvero.

The Story of Giulia and the Lucky Hat

n Rome, there lived a little girl named Giulia, who always felt a bit clumsy. Whenever she tried to do something, she usually ended up making a mess. At school, she tripped over her own shoes during gym class and regularly spilled paint during art class. She often sighed, thinking she was a total disaster.

One day, while walking with her parents through a flea market, a particular object caught her eye: a colorful hat, decorated with little golden stars and a big red bow in the center. It looked like a magical hat, straight out of an old story.

Giulia tried it on in front of a mirror, and almost without thinking, she asked her parents to buy it for her. The vendor, a kind old man with sparkling eyes, winked at her and said, "This isn't just any hat, you know? It's a lucky hat!"

Giulia smiled, excited, and from that moment, she never parted with her lucky hat. The next day, she wore it to school. During gym class, not only did she manage to run without tripping, but she also won a race against her classmates. And in art class, she created a drawing so beautiful that the teacher hung it up in the classroom.

Giulia began to believe that the hat was truly magical. Every time she wore it, everything seemed to go right. She found the courage to join all the school activities, smiling every time someone complimented her. She finally felt confident, as if nothing could stop her.

One day, as she rushed out of the house to go to school, the hat blew off her head in a gust of wind and landed in a puddle. Giulia was devastated; how would she manage without her lucky hat? She felt clumsy and unsure again, but she didn't have time to look for it, so she had to go to school without it.

That day, however, something unexpected happened. During science class, Giulia answered a difficult question correctly and was praised by the teacher. Then, during recess, she managed to jump rope higher than all her friends, who clapped for her. And when it was time to read aloud in class, she didn't stammer even once.

Giulia stopped to think: how was this possible? She didn't have her lucky hat, yet everything was going well. Slowly, she realized that maybe the magic wasn't in the hat but inside herself. The hat had only given her the courage to believe in herself, but the confidence she felt had always been there, hidden behind her doubts.

That evening, on her way home, she saw her lucky hat lying on the grass near the puddle. She picked it up and, smiling, said softly, "Thank you, hat. You helped me see that true luck is believing in myself."

From that day on, Giulia no longer needed to wear the hat to feel confident. She knew that, with or without it, she could do anything if she just believed in herself.

Il Segreto del Lago di Luisa

———

In un piccolo villaggio sulle rive di un lago cristallino, viveva una bambina di nome Luisa. Era una ragazzina curiosa, sempre pronta a scoprire nuove avventure, e amava passare il tempo al lago. Ogni pomeriggio, Luisa si sedeva vicino all'acqua, osservando i riflessi del sole che danzavano sulla superficie e ascoltando i suoni misteriosi che provenivano dalle profondità.

Un giorno, mentre stava gettando briciole di pane nell'acqua, notò un'ombra che si muoveva lentamente sotto la superficie. Improvvisamente, spuntò una grande testa dal lago, con occhi gentili e un sorriso buffo. Luisa fece un passo indietro, ma la creatura le fece un piccolo cenno con il capo.

"Ciao... io sono Luisa," disse con un filo di voce.

"Ciao, Luisa," rispose la creatura, "io sono Ricciolo. Non avere paura, sono un mostro buono. Vivo qui da tanto tempo e il lago è la mia casa."

Luisa osservò Ricciolo: aveva una testa enorme, un corpo squamoso e delle pinne che sembravano ondeggiare nell'acqua come alghe. Ma ciò che la colpì di più era il suo sguardo dolce e amichevole.

"Ti piace vivere qui?" chiese Luisa, un po' più tranquilla.

"Oh, moltissimo! Amo questo lago, ma... ultimamente qualcosa non va. Le persone del villaggio gettano spazzatura nell'acqua e il lago non è più limpido come prima," disse Ricciolo con tristezza. "E poi, nessuno si ferma a parlare con me. Credono che io sia un mostro spaventoso!"

Luisa si sentì dispiaciuta. Non riusciva a immaginare come qualcuno potesse avere paura di un mostro così gentile. "Non preoccuparti, Ricciolo," gli disse. "Ti aiuterò a mantenere pulito il lago. E poi, ti farò conoscere agli altri. Vedrai, ti vorranno bene quanto me!"

Nei giorni successivi, Luisa e Ricciolo divennero grandi amici. Ogni pomeriggio, lei portava con sé un sacchetto e raccoglieva ogni pezzetto di plastica e di spazzatura che trovava sulle rive del lago, mentre Ricciolo, con le sue grandi pinne, aiutava a raccogliere quello che galleggiava sulla superficie. Insieme, lavoravano instancabilmente per ridare al lago la sua bellezza.

Un pomeriggio, Luisa decise di portare con sé un piatto di pasta per Ricciolo. "Ecco, è il mio piatto preferito! Vuoi assaggiarlo?" chiese, porgendogli un po' di spaghetti al pomodoro.

Ricciolo prese un boccone e i suoi occhi si illuminarono di gioia. "È delizioso!" esclamò. "Non sapevo che il cibo degli umani fosse così buono!" Da quel giorno, ogni volta che Luisa andava a trovare Ricciolo, portava con sé un piatto di pasta, che il mostro del lago mangiava con gusto.

Con il passare del tempo, gli abitanti del villaggio iniziarono a notare la differenza. Il lago era più pulito, e le acque tornavano a essere limpide e brillanti. La gente iniziò a domandarsi cosa fosse successo, e Luisa decise che era il momento giusto per svelare il segreto.

Radunò il villaggio vicino al lago e, con coraggio, raccontò a tutti di Ricciolo, il mostro buono che amava il lago e adorava la pasta. Inizialmente, alcuni erano scettici, ma quando Ricciolo emerse dall'acqua con un grande sorriso e salutò tutti, gli abitanti si resero conto che Luisa aveva ragione. Ricciolo non era un mostro spaventoso, ma un amico del lago.

Da quel giorno, il villaggio smise di gettare rifiuti nel lago e si impegnò a tenerlo pulito. Gli abitanti cominciarono a portare piatti di pasta per Ricciolo come segno di amicizia, e lui li ringraziava con i suoi buffi cenni e il suo sguardo dolce. Luisa e Ricciolo, insieme, avevano cambiato il cuore del villaggio e insegnato a tutti l'importanza di rispettare la natura e di non giudicare dalle apparenze.

E così, ogni giorno, Luisa e Ricciolo continuavano a incontrarsi al lago, felici e sereni, sapendo di aver trovato un'amicizia speciale e di aver reso il loro lago un luogo migliore.

The Secret of Luisa's Lake

———

In a small village on the shores of a crystal-clear lake, there lived a girl named Luisa. She was a curious child, always eager for new adventures, and she loved spending time by the lake. Every afternoon, Luisa would sit near the water, watching the sun's reflections dance on the surface and listening to the mysterious sounds coming from the depths.

One day, while tossing bread crumbs into the water, she noticed a shadow moving slowly beneath the surface. Suddenly, a large head emerged from the lake, with kind eyes and a goofy smile. Luisa took a step back, but the creature gave her a small nod.

"Hi... I'm Luisa," she said in a whisper.

"Hello, Luisa," replied the creature, "I'm Ricciolo. Don't be afraid; I'm a friendly monster. I've lived here a long time, and this lake is my home."

Luisa looked closely at Ricciolo: he had a huge head, a scaly body, and fins that waved in the water like seaweed. But what struck her the most was his sweet and friendly gaze.

"Do you like living here?" Luisa asked, a little more at ease.

"Oh, very much! I love this lake, but... lately, something is wrong. People from the village throw trash in the water, and the lake isn't as clear as it used to be," Ricciolo said sadly. "And no one stops to talk to me. They think I'm a scary monster!"

Luisa felt sad. She couldn't understand how anyone could be afraid of such a kind monster. "Don't worry, Ricciolo," she said. "I'll help you keep the lake clean. And I'll introduce you to everyone. You'll see, they'll like you just as much as I do!"

In the days that followed, Luisa and Ricciolo became great friends. Every afternoon, she brought a bag with her and picked up every bit of plastic and trash she found along the lakeshore, while Ricciolo, with his big fins, helped gather what floated on the surface. Together, they worked tirelessly to restore the lake's beauty.

One afternoon, Luisa decided to bring a plate of pasta for Ricciolo. "Here, it's my favorite dish! Want to try it?" she asked, offering him some spaghetti with tomato sauce.

Ricciolo took a bite, and his eyes sparkled with joy. "It's delicious!" he exclaimed. "I didn't know human food was so good!" From that day on, every time Luisa visited Ricciolo, she brought him a plate of pasta, which the lake monster happily devoured.

As time went by, the villagers started to notice the difference. The lake was cleaner, and the water was clear and sparkling once again. People began to wonder what had happened, and Luisa decided it was the right moment to reveal the secret.

She gathered the villagers by the lake and, with courage, told them about Ricciolo, the gentle monster who loved the lake and adored pasta. At first, some were skeptical, but when Ricciolo emerged from the water with a big smile and greeted everyone, the villagers realized that Luisa was right. Ricciolo wasn't a scary monster but a friend of the lake.

From that day on, the village stopped throwing trash in the lake and made an effort to keep it clean. The villagers even started bringing plates of pasta for Ricciolo as a sign of friendship, and he thanked them with his funny gestures and gentle gaze. Luisa and Ricciolo had changed the village's heart and taught everyone the importance of respecting nature and not judging by appearances.

And so, every day, Luisa and Ricciolo continued to meet by the lake, happy and content, knowing they had found a special friendship and made their lake a better place.

Il Pittore Pasticcione e i Colori Magici

─────

In un piccolo paesino italiano viveva un pittore di nome Beppe. Beppe era famoso per essere un po' pasticcione: spesso dipingeva fuori dai bordi, mescolava i colori sbagliati e i suoi quadri avevano sempre un aspetto... particolare. Ma nonostante tutto, Beppe amava dipingere e non smetteva mai di cercare nuove ispirazioni.

Un giorno, mentre era al mercato, Beppe trovò un barattolo di vernice dai colori vivaci su una bancarella. Sopra c'era un'etichetta che diceva: Colori Magici. Beppe, incuriosito, chiese al venditore: "Che cosa hanno di magico questi colori?"

Il venditore, con un sorriso misterioso, rispose: "Questi colori sono speciali, portano in vita le tue creazioni! Ma fai attenzione, hanno una volontà tutta loro!"

Beppe, affascinato, comprò i colori magici e tornò di corsa al suo studio. Era così emozionato che si mise subito a dipingere. Decise di provare con qualcosa di semplice e disegnò un piccolo uccellino rosso. Appena finito, l'uccellino sbatté le ali e volò fuori dal quadro, svolazzando per tutta la stanza!

Beppe era sorpreso e divertito. "Funziona davvero!" esclamò. Continuò a dipingere con entusiasmo, dando vita a nuovi soggetti: una farfalla colorata, un gatto nero con gli occhi verdi e persino un cane dalmata che abbaiava allegramente. Ma più dipingeva, più le sue creazioni diventavano difficili da controllare.

Il giorno seguente, le creature dipinte di Beppe cominciarono a girare per il paesino, creando scompiglio. L'uccellino rosso rubava i bottoni dai cappotti delle persone, la farfalla si posava sui nasi dei passanti facendo il solletico, e il gatto nero si infilava nelle cucine in cerca di latte. Il povero Beppe correva da una parte all'altra cercando di sistemare i guai che i suoi disegni causavano.

"Beppe, devi fare qualcosa!" gli disse la signora Maria, la sua vicina. "Questi disegni sono fuori controllo!"

Beppe si grattò la testa, preoccupato. Si rese conto che, se voleva continuare a dipingere senza creare problemi, doveva trovare un modo per gestire i colori magici. Così, quella sera, si sedette davanti alla tela e rifletté su come trasformare il suo caos in creatività.

Cominciò a fare esperimenti, imparando a dare vita ai suoi disegni solo per il tempo necessario a completare una storia o una scena. Dipinse un giardino fiorito, e i fiori si aprirono e danzarono nella brezza, ma si fermarono quando Beppe finì di dipingere il sole che li illuminava. Creò anche un bel ritratto di una famiglia di pesciolini che nuotavano felici in un laghetto, e loro nuotarono e giocherellarono fino a quando il quadro non fu completato.

Con il tempo, Beppe imparò a controllare i suoi colori magici e a trasformare ogni quadro in una piccola storia viva, senza che le sue creazioni scappassero più in giro per il paese. Gli abitanti, che inizialmente si erano lamentati dei suoi disegni viventi, cominciarono a visitare il suo studio per ammirare le sue opere d'arte magiche.

Ogni giorno, Beppe trovava nuove idee e sperimentava con nuovi soggetti, felice di poter esprimere la sua unicità senza creare disordine. Aveva imparato che essere un po' pasticcione non era un difetto, ma una parte del suo stile speciale. E con i colori magici al suo fianco, continuò a portare gioia e meraviglia al suo piccolo paesino, un dipinto alla volta.

The Clumsy Painter and the Magic Colors

———

In a small Italian village, there lived a painter named Beppe. Beppe was known for being a bit clumsy: he often painted outside the lines, mixed the wrong colors, and his paintings always looked... unique. But despite it all, Beppe loved to paint and never stopped searching for new inspiration.

One day, while he was at the market, Beppe found a jar of paint in vibrant colors on a stall. On the label, it read: Magic Colors. Intrigued, Beppe asked the vendor, "What's so magical about these colors?"

The vendor, with a mysterious smile, replied, "These colors are special; they bring your creations to life! But be careful—they have a mind of their own!"

Fascinated, Beppe bought the magic colors and rushed back to his studio. He was so excited that he started painting right away. He decided to try something simple and drew a little red bird. As soon as he finished, the bird flapped its wings and flew out of the painting, fluttering around the room!

Beppe was shocked and delighted. "It really works!" he exclaimed. He kept painting with enthusiasm, bringing new things to life: a colorful butterfly, a black cat with green eyes, and even a Dalmatian dog that barked happily. But the more he painted, the harder it was to control his creations.

The next day, Beppe's painted creatures started roaming around the village, causing mischief. The red bird snatched buttons from people's coats, the butterfly landed on people's noses, making them giggle, and the black cat sneaked into kitchens looking for milk. Poor Beppe ran all over, trying to fix the chaos his paintings were causing.

"Beppe, you have to do something!" said Mrs. Maria, his neighbor. "These drawings are out of control!"

Beppe scratched his head, worried. He realized that if he wanted to keep painting without causing trouble, he needed to find a way to manage the magic colors. So, that evening, he sat in front of his canvas and thought about how to turn his chaos into creativity.

He started experimenting, learning how to bring his drawings to life only for the time needed to complete a story or scene. He painted a blooming garden, and the flowers opened and danced in the breeze, but they stopped as soon as he finished painting the sun that shone on them. He also painted a portrait of a happy family of fish swimming in a pond, and they swam and played until the picture was complete.

With time, Beppe learned to control his magic colors, turning each painting into a little living story without his creations wandering around the village anymore. The villagers, who had initially complained about his living drawings, started visiting his studio to admire his magical works of art.

Every day, Beppe found new ideas and experimented with new subjects, happy to express his uniqueness without creating disorder. He had learned that being a bit clumsy wasn't a flaw—it was part of his special style. And with the magic colors by his side, he continued to bring joy and wonder to his little village, one painting at a time.

Pasqualino, il Piccolo Inventore

———

A Firenze viveva un bambino di nome Pasqualino, un piccolo inventore con una grande passione per le macchine e le invenzioni strampalate. Nel suo piccolo laboratorio, costruito nel garage di casa, passava ore a sperimentare con ingranaggi, fili e molle, cercando sempre di creare qualcosa di nuovo e utile.

Un giorno, Pasqualino ebbe un'idea geniale: inventare una macchina in grado di fare la pasta in qualsiasi forma desiderasse. "Immagina," pensava, "spaghetti a forma di stelle, farfalle giganti e anche lettere per fare la pasta con il mio nome!" Con grande entusiasmo, si mise subito al lavoro. Disegnò un progetto, trovò i pezzi necessari e, con qualche goccia di sudore e molta pazienza, la sua invenzione prese forma.

Finalmente, dopo giorni di lavoro, la macchina era pronta. Pasqualino, emozionato, versò l'impasto di farina e acqua nella macchina e premette il grande pulsante verde. In un attimo, la macchina cominciò a ronzare e fischiare, e da un tubo iniziarono a uscire spaghetti perfetti, sottili e lunghi. Pasqualino era al settimo cielo! Ma quando provò a cambiare forma, premendo un altro pulsante, qualcosa andò storto.

La macchina iniziò a tremare e fare strani rumori, e poi... PLOP! Uno spaghetti dopo l'altro, la pasta cominciò a uscire a cascata, sempre più veloce. In pochi minuti, il laboratorio di Pasqualino era sommerso da un mare di spaghetti! "Oh no!" gridò Pasqualino, cercando di fermare la macchina, ma i pulsanti sembravano bloccati, e la pasta continuava a fuoriuscire, invadendo le scale e scendendo in strada.

La gente di Firenze rimase a bocca aperta quando vide gli spaghetti che scorrevano lungo i vicoli e invadevano le piazze. I bambini ridevano, e persino i piccioni si fermarono a beccare qualche filo di pasta. La città sembrava trasformata in un gigantesco piatto di spaghetti!

Pasqualino, però, non si arrese. "Devo trovare una soluzione!" disse a se stesso, con il cuore che batteva forte. Tornò al laboratorio e iniziò a pensare a come risolvere il disastro che aveva creato. Dopo qualche minuto, ebbe un'idea brillante: avrebbe costruito un'altra macchina, una sorta di aspirapasta, che potesse risucchiare tutta la pasta in eccesso.

Si mise subito al lavoro, usando tutto ciò che aveva a disposizione. Con una vecchia aspirapolvere, un tubo di gomma e qualche ingranaggio, riuscì a creare un aspiratore potente. Quando la macchina fu pronta, la accese e iniziò a risucchiare gli spaghetti che ormai avevano sommerso metà della strada. In poco tempo, la pasta fu risucchiata e Firenze tornò alla normalità.

Gli abitanti della città applaudirono Pasqualino per la sua invenzione e per la sua tenacia nel risolvere il problema. "Bravo, Pasqualino!" gridavano tutti. Anche se aveva combinato un bel guaio, Pasqualino aveva imparato una lezione importante: ogni errore è un'occasione per migliorare e trovare una soluzione.

Da quel giorno, Pasqualino continuò a inventare, con ancora più curiosità e attenzione. E ogni tanto, per non dimenticare la sua avventura, preparava un bel piatto di spaghetti, questa volta senza inondare la città!

Pasqualino, the Little Inventor

———

In Florence, there lived a young boy named Pasqualino, a little inventor with a big passion for machines and quirky inventions. In his small workshop, set up in his home garage, he spent hours experimenting with gears, wires, and springs, always looking to create something new and useful.

One day, Pasqualino had a brilliant idea: he would invent a machine capable of making pasta in any shape he wanted. "Imagine," he thought, "star-shaped spaghetti, giant bow ties, and even letters to make pasta with my name!" Filled with excitement, he immediately got to work. He drew up a plan, gathered the necessary parts, and, with a few drops of sweat and a lot of patience, his invention took shape.

Finally, after days of work, the machine was ready. Overjoyed, Pasqualino poured the dough mixture of flour and water into the machine and pressed the big green button. In an instant, the machine started buzzing and whirring, and from a tube came perfect spaghetti—thin and long. Pasqualino was on cloud nine! But when he tried to change the shape by pressing another button, something went wrong.

The machine began to shake and make strange noises, and then... PLOP! Spaghetti after spaghetti, pasta started pouring out in a cascade, faster and faster. Within minutes, Pasqualino's workshop was submerged in a sea of spaghetti! "Oh no!" Pasqualino shouted, trying to stop the machine, but the buttons seemed jammed, and the pasta kept pouring out, spilling down the stairs and into the street.

The people of Florence were stunned when they saw spaghetti flowing down alleys and filling up the squares. Children laughed, and even the pigeons stopped to peck at a few strands of pasta. The city looked like it had turned into a giant plate of spaghetti!

But Pasqualino didn't give up. "I have to find a solution!" he said to himself, his heart pounding. He went back to his workshop and started thinking about how to fix the disaster he'd created. After a few minutes, he had a brilliant idea: he would build another machine, a sort of pasta vacuum, that could suck up all the excess pasta.

He got to work immediately, using everything he had at hand. With an old vacuum cleaner, a rubber tube, and a few gears, he managed to create a powerful suction machine. Once it was ready, he switched it on and began to vacuum up the spaghetti that had taken over half the street. In no time, the pasta was cleared, and Florence returned to normal.

The townspeople cheered for Pasqualino's invention and his determination in solving the problem. "Bravo, Pasqualino!" they all shouted. Even though he had caused quite a mess, Pasqualino had learned an important lesson: every mistake is an opportunity to improve and find a solution.

From that day on, Pasqualino kept inventing, with even more curiosity and care. And every so often, to remind himself of his adventure, he made himself a nice plate of spaghetti—this time without flooding the city!

Il Pianoforte Magico

———

Clara viveva in un piccolo paese tra le colline, ma il suo cuore sognava di più. Sin da quando era piccola, amava suonare il pianoforte. Ogni volta che le sue dita sfioravano i tasti bianchi e neri, un mondo di sogni prendeva vita dentro di lei. Sognava di suonare il pianoforte in un grande teatro a Venezia, sotto le luci scintillanti e con un pubblico che applaudiva a ogni nota.

Ma Clara non aveva un pianoforte proprio. Suonava su uno vecchio e malconcio che apparteneva a sua nonna, nella loro piccola casa di campagna. Nonostante la mancanza di un vero piano da concerto, Clara non smetteva mai di sognare. Ogni giorno, praticava con passione, sperando che un giorno il suo sogno si sarebbe avverato.

Un pomeriggio, mentre stava passeggiando nel bosco vicino alla sua casa, Clara si imbatté in una piccola casa di legno, nascosta tra gli alberi. Non l'aveva mai vista prima, e la curiosità la spinse a entrare. All'interno, con grande stupore, c'era un magnifico pianoforte d'oro, che brillava come se fosse stato appena costruito. Clara si avvicinò e posò le dita sui tasti. Quando suonò la prima nota, un'onda di magia si diffuse nell'aria.

Il pianoforte sembrava rispondere ai suoi sentimenti. Ogni volta che Clara suonava, le sue melodie si trasformavano in immagini di luoghi lontani: Venezia, con il suo magnifico teatro; una sala da concerto affollata; il mare che scintillava al tramonto. Clara si rese conto che quel pianoforte non era un pianoforte qualsiasi, ma un pianoforte magico che rendeva i sogni realtà.

Ogni giorno, Clara tornava alla piccola casa nel bosco, dove suonava il pianoforte, facendo diventare ogni nota un sogno che si realizzava. Scoprì che il pianoforte non solo le permetteva di vivere i suoi sogni, ma anche di condividerli con gli altri. Un giorno, portò con sé il suo amico Luca, che amava ascoltare la sua musica. Quando Clara suonò, la magia del pianoforte creò per Luca un giardino fiorito dove correvano farfalle colorate. Luca sorrise, felice di poter vedere il sogno di Clara attraverso la sua musica.

Clara imparò che la vera magia non stava solo nel pianoforte, ma nel poter condividere le sue melodie con gli altri. Ogni volta che suonava, non solo il suo cuore si riempiva di gioia, ma anche quelli degli altri. La sua musica univa le persone, portando loro momenti di felicità e speranza.

Un giorno, Clara prese una decisione: avrebbe portato la sua musica a Venezia. Con il pianoforte magico, si esibì in un grande teatro, proprio come aveva sempre sognato. Quando suonò, la sala fu avvolta da una melodia così bella che il pubblico rimase incantato. Non era solo la sua abilità, ma la magia del pianoforte e il suo cuore generoso che facevano la differenza.

Il pianoforte magico, alla fine, non solo realizzò il sogno di Clara, ma insegnò a tutti che la vera bellezza dei sogni sta nel poterli condividere con chi ci sta vicino. Clara imparò che i sogni più belli sono quelli che non solo si realizzano, ma che possiamo anche dare agli altri.

E così, ogni volta che Clara suonava, le sue melodie non erano più solo sogni suoi, ma sogni che volavano nel cuore di tutti, portando luce, speranza e felicità ovunque andassero.

The Magic Piano

———

C lara lived in a small village nestled in the hills, but her heart dreamed of more. Ever since she was a child, she loved to play the piano. Every time her fingers touched the black and white keys, a world of dreams came to life inside her. She dreamed of playing the piano in a grand theater in Venice, under sparkling lights and to an audience that applauded every note.

But Clara didn't own her own piano. She played on an old, worn-out piano that had belonged to her grandmother, in their small country home. Despite not having a real concert piano, Clara never stopped dreaming. Every day, she practiced passionately, hoping that one day her dream would come true.

One afternoon, while she was walking in the woods near her house, Clara stumbled upon a small wooden house hidden among the trees. She had never seen it before, and her curiosity led her inside. To her amazement, there was a magnificent golden piano, shining as if it had just been built. Clara approached it and placed her fingers on the keys. When she played the first note, a wave of magic spread through the air.

The piano seemed to respond to her feelings. Every time Clara played, her melodies transformed into images of distant places: Venice, with its grand theater; a crowded concert hall; the sea shimmering at sunset. Clara realized that this piano was not just any piano, but a magic piano that made dreams come true.

Every day, Clara returned to the small house in the woods, where she would play the piano, making each note a dream brought to life. She discovered that the piano allowed her not only to live her dreams but also to share them with others. One day, she brought along her friend Luca, who loved listening to her music. When Clara played, the piano's magic created a blooming garden where colorful butterflies fluttered around. Luca smiled, happy to see Clara's dreams through her music.

Clara learned that the real magic wasn't just in the piano but in being able to share her melodies with others. Every time she played, not only did her heart fill with joy, but so did the hearts of those around her. Her music brought people together, giving them moments of happiness and hope.

One day, Clara made a decision: she would take her music to Venice. With the magic piano, she performed in a grand theater, just as she had always dreamed. When she played, the hall was enveloped in a melody so beautiful that the audience was captivated. It wasn't just her skill but the magic of the piano and her generous heart that made the difference.

In the end, the magic piano not only fulfilled Clara's dream but taught everyone that the true beauty of dreams lies in sharing them with those around us. Clara learned that the most beautiful dreams are those that not only come true but can also be given to others.

And so, every time Clara played, her melodies were no longer just her dreams but dreams that floated into everyone's hearts, bringing light, hope, and happiness wherever they went.

La Carrozza di Zia Maria

———

Luca era un ragazzino curioso che viveva in un piccolo paese italiano circondato da colline verdi e paesaggi mozzafiato. Ogni estate, quando le scuole chiudevano, andava a trovare la sua amata Zia Maria, che viveva in una vecchia casa di campagna, ricca di storie e misteri. Zia Maria era una donna gentile e un po' misteriosa, con i capelli bianchi come la neve e occhi brillanti pieni di ricordi. Ogni volta che Luca andava a trovarla, lei gli raccontava storie affascinanti sulla sua famiglia e sulle avventure che avevano vissuto.

Un pomeriggio di pioggia, mentre il cielo grigio riempiva l'aria di mistero, Luca decise di esplorare l'attico della casa di Zia Maria. Lì sopra, la polvere e le ragnatele sembravano aver fermato il tempo. Mentre curiosava tra vecchi bauli e scatole dimenticate, qualcosa catturò la sua attenzione. In un angolo, nascosta dietro un vecchio tappeto, c'era una carrozza polverosa. Era una carrozza elegante, con ruote dorate e un rivestimento di velluto che, nonostante gli anni, brillava ancora in alcuni punti.

"Che cos'è questa?" chiese Luca, avvicinandosi.

"Quella, caro mio, è una carrozza che apparteneva ai tuoi bisnonni," rispose Zia Maria, che nel frattempo era salita nell'attico. "L'hanno usata per tanti viaggi quando erano giovani. Ma con il tempo, è stata dimenticata."

Luca, con occhi pieni di curiosità, decise di salire nella carrozza. Non appena si sedette sui cuscini morbidi, qualcosa di magico accadde: la carrozza iniziò a muoversi! Prima lentamente, poi sempre più velocemente. Luca guardò fuori dalla finestra e vide il paesaggio che cambiava: la sua casa di campagna scomparve e al suo posto apparve una scena che aveva sentito tante volte nelle storie di Zia Maria: i giardini incantati di Roma.

"Dove siamo?" esclamò Luca, sbalordito.

"Benvenuto nei giardini di Roma, dove i tuoi bisnonni passeggiavano un tempo," rispose la voce di Zia Maria che sembrava venire da lontano. La carrozza si fermò davanti a un giardino lussureggiante, con fontane che zampillavano e alberi secolari che si innalzavano verso il cielo.

Ogni volta che Luca saliva sulla carrozza, veniva trasportato in un luogo diverso: le scogliere mozzafiato della Costiera Amalfitana, i mercati affollati di Firenze con i venditori che gridavano i loro prodotti freschi, e altri posti che Zia Maria gli aveva sempre descritto con tanto amore. Ogni viaggio era un'avventura che lo portava a scoprire la bellezza dell'Italia, ma soprattutto a conoscere meglio la sua famiglia, le radici e le tradizioni che lo legavano a quei luoghi.

Durante ogni viaggio, Luca imparò a comprendere l'importanza di conoscere la propria storia e le proprie origini. La carrozza di Zia Maria non era solo un mezzo di trasporto, ma un legame vivo con il passato e con le persone che avevano camminato quei luoghi prima di lui. Era una magia che gli permetteva di vedere il mondo con occhi nuovi, pieni di amore e di curiosità.

Un giorno, quando Luca tornò nella casa di Zia Maria per l'ultima volta quella estate, salì nella carrozza per l'ultima avventura. Stavolta, la carrozza lo portò al piccolo paesino dove viveva la sua famiglia da generazioni. Là, Luca scoprì un antico albero sotto cui i suoi bisnonni si erano incontrati per la prima volta. Sentì che il legame con la sua famiglia e la sua storia era più forte che mai.

Quando la carrozza tornò alla vecchia casa di campagna, Luca non si sentì più un ragazzino che stava solo esplorando, ma un custode di tradizioni, pronto a raccontare le storie che aveva scoperto. Zia Maria gli sorrise e gli disse: "Ora, Luca, sei pronto a raccontare la tua parte della storia."

Aunt Maria's Carriage

———

Luca was a curious young boy who lived in a small Italian village surrounded by green hills and breathtaking landscapes. Every summer, when school ended, he would visit his beloved Aunt Maria, who lived in an old country house full of stories and mysteries. Aunt Maria was a kind and somewhat mysterious woman, with snow-white hair and sparkling eyes full of memories. Every time Luca visited her, she would tell him fascinating tales about their family and the adventures they had experienced.

One rainy afternoon, as the gray sky filled the air with mystery, Luca decided to explore the attic of Aunt Maria's house. Up there, the dust and cobwebs seemed to have frozen time. As he rummaged through old trunks and forgotten boxes, something caught his attention. In the corner, hidden behind an old rug, was a dusty carriage. It was an elegant carriage, with golden wheels and velvet upholstery that, despite the years, still glimmered in certain spots.

"What is this?" asked Luca, approaching it.

"That, my dear, is a carriage that belonged to your great-grandparents," Aunt Maria replied, who had come up to the attic by now. "They used it for many journeys when they were young. But over time, it was forgotten."

With eyes full of curiosity, Luca decided to climb into the carriage. As soon as he sat on the soft cushions, something magical happened: the carriage began to move! Slowly at first, then faster and faster. Luca looked out the window and saw the landscape changing: his country home disappeared, and in its place appeared a scene he had heard many times in Aunt Maria's stories: the enchanted gardens of Rome.

"Where are we?" exclaimed Luca, stunned.

"Welcome to the gardens of Rome, where your great-grandparents once walked," replied Aunt Maria's voice, which seemed to come from far away. The carriage stopped in front of a lush garden, with fountains sparkling and centuries-old trees reaching up to the sky.

Every time Luca climbed into the carriage, he was transported to a different place: the breathtaking cliffs of the Amalfi Coast, the bustling markets of Florence with vendors shouting out their fresh produce, and other places that Aunt Maria had always described with such love. Each journey was an adventure that took him to discover the beauty of Italy, but most of all, it helped him learn more about his family, their roots, and the traditions that connected him to those places.

During each journey, Luca learned to understand the importance of knowing his own history and origins. Aunt Maria's carriage was not just a means of transportation, but a living link to the past and to the people who had walked those places before him. It was magic that allowed him to see the world with new eyes, full of love and curiosity.

One day, when Luca returned to Aunt Maria's house for the last time that summer, he climbed into the carriage for one final adventure. This time, the carriage took him to the small village where his family had lived for generations. There, Luca discovered an ancient tree under which his great-grandparents had met for the first time. He felt that the bond with his family and his history was stronger than ever.

When the carriage returned to the old country house, Luca no longer felt like a boy simply exploring, but like a guardian of traditions, ready to share the stories he had discovered. Aunt Maria smiled at him and said, "Now, Luca, you're ready to tell your part of the story."

Milton Keynes UK
Ingram Content Group UK Ltd.
UKHW021916201124
451474UK00013B/773

9 798224 041169